BOEKANALYSE

AF126355

Een geheim

. . . .

Philippe Grimbert

BOEKANALYSE

Geschreven door Pierre Weber
Vertaald door Nikki Claes

Een geheim

PHILIPPE GRIMBERT

MUST READ

Kennis binnen handbereik!

MUST READ

De Vreemdeling
ALBERT CAMUS

MINUTES.com

knowledge at your fingertips
Brush up on your favourite topics with our practical titles

Popular titles

KARL MARX

THE SWOT ANALYSIS

MUST READ BOEKANALYSE
The Giver
Lois Lowry

MUST READ BOEKANALYSE
De waarheid over de zaak Harry Quebert

www.50minutes.com
Fris uw favoriete onderwerpen op
met onze praktische titels

PHILIPPE GRIMBERT

FRANS SCHRIJVER EN PSYCHOANALYTICUS

- **Geboren in 1948 in Parijs**
- **Enkele van zijn werken:**
  - *Niet roken zonder Freud: Psychoanalyse van de roker* (1999), essay
  - *Paul's Little Dress* (2001), roman
  - *A Secret* (2004), roman

Philippe Grimbert, geboren in Parijs in 1948, is een hedendaags schrijver en psychoanalyticus. Tegenwoordig werkt hij in zijn eigen Parijse praktijk en in instellingen die gespecialiseerd zijn in autisme en adolescentenpsychose.

Met Grasset heeft hij vier romans gepubliceerd: de eerste, *La Petite robe de Paul* (2001), maakte hem beroemd; de tweede, *Un secret* (2004), was een groot succes; de derde, *La Mauvaise Rencontre*, verscheen in 2009; en de laatste, *Un Garçon singulier*, verscheen in 2011. Hij is een muziekliefhebber en heeft ook verschillende essays gepubliceerd, waaronder *Psychoanalyse van het lied* (1996).

EEN GEHEIM

EEN WERK TUSSEN AUTOBIOGRAFIE, FICTIE EN THERAPEUTISCHE VERTELLING

- **Genre:** autobiografische roman
- **Referentie-uitgave:** *Un secret*, Parijs, Librairie générale française, 2006, 192 blz.
- **1ʳᵉ uitgave:** 2004
- **Thema's:** Tweede Wereldoorlog, Shoah, familie, geheim, identiteit

In mei 2004 publiceerde Philippe Grimbert *Een geheim*, een autobiografische roman waarvoor hij in 2004 de Prix Goncourt des lycéens en in 2005 de Prix des lectrices de *Elle ontving.* In 2007 regisseerde Claude Miller een verfilming van de roman met Cécile de France, Patrick Bruel, Ludivine Sagnier en Julie Depardieu.

De verteller is een ziekelijke jongen geboren na de Tweede Wereldoorlog, de enige zoon van Tania en Maxime, twee sterke ouders. De geschiedenis van zijn familie kwelt hem en hij wordt verpletterd door een zwaar geheim waarvan hij niets weet, tot de dag dat hij eindelijk de openbaring krijgt. Deze verandering van perspectief zal zijn lot veranderen.

SAMENVATTING

EEN HERUITGEVONDEN VERLEDEN

Als zoon van twee grote sportlui die een sportzaak runnen, roept de verteller, een jonge jongen, de broer op die hij altijd heeft willen hebben en die hij in zijn verbeelding heeft opgebouwd, zijn dubbelganger en zijn tegenpool, een wezen dat even zelfverzekerd en krachtig is als hijzelf dun en vermagerd.

Om het stilzwijgen van zijn ouders over de familiegeschiedenis op te vullen, vindt hij die naar believen opnieuw uit. Hij stelt zich zijn vader, Maxime, voor als een zelfverzekerde jonge verleider en zijn moeder, Tania, als een mooie jonge vrouw die model staat voor modeontwerpers, hun ontmoeting in een sportstadion, hun liefdesverhaal. Hij denkt dat zijn ouders verliefd op elkaar werden, gingen samenwonen en besloten een sportzaak te openen. Toen de oorlog kwam, denkt hij dat het echtpaar de winkel aan Louise toevertrouwde en Parijs verliet voor Saint-Gaultier, een klein dorp in de Indre, waar ze gelukkige, zorgeloze dagen doorbrachten, ver van het lawaai en de drukte. Toen ze terugkeerden naar de hoofdstad, nam het leven het over en, geconfronteerd met Tania's aandringen op het krijgen van een kind, gaf Maxime toe: er werd een jongetje geboren, ziekelijk en ziekelijk, tot verbazing van zijn robuuste ouders. Dit is het familieverhaal zoals de jongen het zich altijd heeft voorgesteld.

De tijd verstrijkt en de verteller komt op school. Hij is leergierig en ijverig, houdt evenveel van boeken als van sporten.

De jongen praat over zijn familieleden, die hem regelmatig bezoeken. Maar zijn favoriet is hun buurvrouw, Mademoiselle Louise, zijn handlanger en vertrouweling: een dame van in de zestig, geplaagd door klompvoeten en getekend door alcohol en tabak. Wanneer hij in een opslagruimte een klein opgezet hondje ontdekt dat hij onmiddellijk wil adopteren, verstarren zijn ouders: eerst verbieden ze het hem, maar uiteindelijk geven ze toe, en de jongen noemt het hondje Sim. De broer die hij voor zichzelf heeft verzonnen, met wie hij denkbeeldige ruzies heeft, is altijd in zijn gedachten aanwezig.

FAMILIE GESCHIEDENIS

Pas op zijn vijftiende komt de held er geleidelijk achter wat er werkelijk is gebeurd tijdens de Tweede Wereldoorlog: op een dag, terwijl er op school een documentaire over de Shoah wordt vertoond, maakt een jongen antisemitische grappen: ze krijgen ruzie. Wanneer de tiener dit verhaal aan Louise vertelt, besluit zij haar stilzwijgen te doorbreken en hem de hele waarheid te vertellen: Louise is Joods, net als haar ouders. Voordat ze trouwden, waren haar ouders broer en schoonzus. Haar vader had een zoon, Simon, een echte half-broer, die zo goed overeenkomt met de denkbeeldige broer die de held voor zichzelf had verzonnen.

Dankzij de onthullingen van Louise reconstrueert de jongen zijn familiegeschiedenis: Maxime, zijn vader, nam Hannah als zijn eerste vrouw, van wie hij hield met een meer serene, volwassen liefde dan de eendagsvliegen die hij tot dan toe had verzameld. Op de bruiloft ontmoet hij zijn schoonzus, Tania. Als hij haar ziet, voelt hij een schuldig verlangen. Maar gelukkig keert Tania na de ceremonie terug naar Lyon, waar ze woont en werkt: de afstand helpt, het verlangen vervaagt. Aan hun kant hebben Maxime en Hannah een kind dat hen gelukkig maakt: Simon, een atletisch en goedlachs jongetje. Wat Tania betreft, zij kan niet zwanger worden.

De oorlog begint en na de overgave vestigt Frankrijk het Vichy-regime, dat een beleid van samenwerking met de vijand voert: voor de Joden zijn het moeilijke tijden. Tania's man is weg aan het front en zij vindt onderdak bij haar familie in Parijs. Tijdens een duikdemonstratie boeit de jonge vrouw haar hele familie en verblindt ze Maxime, wiens verlangen herboren wordt, levendiger dan ooit. Maar Hannah, die beseft wat er tussen hen gaande is, troost zich door haar zoon met genegenheid te overladen: liever dan ruzie te maken, zou ze willen verdwijnen.

Als de jacht op Joden begint, overtuigt Maxime zijn familie om bezet Frankrijk te verlaten en hun toevlucht te zoeken in Saint-Gaultier. Ze kiezen ervoor om hun bestemming in twee golven te bereiken: eerst de mannen, dan de vrouwen en kinderen. Maxime gaat voorop en bereikt veilig zijn bestemming. Tania daarentegen vertrekt naar Lyon, waar ze wat zaken moet regelen voordat ze zich bij de rest van de groep voegt.

Het vertrek is echter vertraagd. Wanneer Hannah verneemt dat Tania zich al bij Maxime in Saint-Gaultier heeft gevoegd, bevriest dit nieuws haar: ze is inderdaad doodsbang voor de samenkomst van deze twee wezens die zich onweerstaanbaar tot elkaar aangetrokken voelen. Op de dag van vertrek aarzelt de jonge vrouw: ze wil niet weg, ze laat zich door de anderen meeslepen als een dood gewicht. Vlak voor het overschrijden van de demarcatielijn, tijdens een routinecontrole door het Duitse leger, gebeurt het ondenkbare: ze geeft zichzelf en haar zoon spontaan op. Beiden worden meegenomen en de rest van de groep voegt zich met een bezwaard gemoed bij Saint-Gaultier.

Verbrijzeld door het nieuws maakt Maxime een pijnlijke periode van rouw door, maar geleidelijk aan herstelt hij zich en geeft hij toe aan zijn verlangen: hij en Tania worden geliefden. Wanneer de oorlog eindigt, keren ze allemaal terug naar Parijs, en Tania en Maxime gaan uit elkaar. Maar als ze horen van de dood van Hannah, de echtgenoot van Simon en Tania, kiezen ze er uiteindelijk voor om samen te gaan wonen. Uit hun verbintenis wordt de verteller geboren.

Deze openbaring verandert de tiener, maar wanneer hij niet slaagt voor zijn mondeling examen over een vraag over het Vichy-regime, beseft hij dat er nog steeds grijze gebieden zijn. Vanaf dat moment gaat hij op onderzoek uit en vindt het laatste stukje van de puzzel: Hannah en Simon stierven in Auschwitz, waar ze de dag na hun aankomst werden vergast.

De verteller studeert uiteindelijk af aan de middelbare school en begint psychoanalyse te studeren. De dood van Echo, de hond van de familie, is voor hem een gelegenheid om alles wat hij weet aan zijn vader te onthullen: deze waarheid, eindelijk uitgesproken, bevrijdt de familie van haar eigen geheim en stelt hen in staat rust te vinden.

Nadat hij de gangpaden van een hondenkerkhof had afgestruind, besloot hij dit boek te schrijven, Hannah en Simon een begrafenis te geven en voorgoed vrede met zichzelf te sluiten.

KARAKTERSTUDIE

DE NARRATOR

Achter de verteller van dit verhaal met sterk autobiografische trekjes kunnen we uiteraard Philippe Grimbert zelf raden.

Hoewel de verteller zijn verhaal als volwassene vertelt, gaat het vooral over het kind dat hij was. Hij is geboren na de Tweede Wereldoorlog, niemand heeft hem verteld over de Shoah (de genocide op de Joden), maar hij heeft het trauma van zijn ouders en familie volledig geïnternaliseerd:

- Zijn hele lichaam drukt het lijden van zijn volk uit. Hij is mager, bleek en zwak, alsof hij een ziekte had of ondervoed was. In feite lijkt hij op de gevangenen van de concentratiekampen, die hij nooit heeft gezien;

- Psychologisch weerspiegelen zijn problemen het drama van voor zijn geboorte. Zijn denkbeeldige broer, een obsessieve en soms verontrustende aanwezigheid, met wie hij een relatie heeft die zowel uit medeplichtigheid als rivaliteit bestaat, vertoont een vreemde gelijkenis met de halfbroer die hij nooit heeft gekend.

De verteller kan geen uitweg vinden uit deze problemen, net zoals zijn familie de tragische gebeurtenissen niet kan verwerken.

Naast een lijdend kind is de verteller op zoek naar zin en verleden. Het zwijgen van zijn ouders heeft een leegte achtergelaten waardoor hij niet weet waar hij thuishoort en wat zijn geschiedenis is. Hij vindt het daarom moeilijk om zijn identiteit te construeren. Daartoe probeert hij zijn familiegeschiedenis te reconstrueren, in de hoop antwoorden te vinden op de vragen die hij heeft. Het is dankzij Louises confidenties dat de verteller de ware geschiedenis van zijn familie kan achterhalen. En ook al is het pijnlijk, het stelt hem in staat precieze antwoorden op zijn vragen te vinden. Zodra de waarheid aan het licht komt, kan hij eindelijk genezen van zijn problemen: zijn identiteitsproblemen en lichamelijk en psychisch lijden verdwijnen snel daarna.

MAXIME

Maxime is de vader van de verteller. Hij is atletisch en aantrekkelijk, en is zich bewust van het effect dat hij op vrouwen kan hebben, omdat hij daar in zijn jeugd misbruik van heeft gemaakt. Zijn ontmoeting met Hannah komt op een moment dat hij op zoek is naar meer stabiliteit, en dat is precies wat deze zachtaardige en liefdevolle vrouw hem kan geven.

Hun verbintenis bevalt Maxime echter niet. Als man die sterk gericht is op zijn fysieke zintuigen, heeft hij iemand nodig die kan ingaan op de roep van zijn lichaam, en dat is bij Hannah niet het geval. Hij beseft dit wanneer hij zijn schoonzus Tania ziet op haar trouwdag. De mislukking van de laatste lijkt bijna onvermijdelijk, ook al zal hij zich zijn hele leven schuldig voelen omdat hij zich niet heeft kunnen beheersen.

Als zodanig speelt sportactiviteit een fundamentele rol in zijn leven. Hierdoor probeert hij niet alleen zichzelf te oefenen, maar ook de controle over zijn leven te behouden. Het is in de sport dat hij zijn toevlucht zoekt wanneer hij voelt dat de dingen uit de hand lopen of om te proberen zijn emoties te temmen:

- wanneer een documentaire over de Shoah wordt vertoond: "Op een avond vertoonde de televisie een film over [de] periode [van de oorlog] en mijn vader trok zich terug in zijn gymzaal, niet in staat om de aanblik te verdragen. Het gekletter van zijn gewichten, het gesis van zijn adem, bedekte de bevelen in een taal die hij niet meer kon horen" (blz. 64-65);

- na de begrafenis van zijn vader: "Zodra hij thuiskwam nam mijn vader Echo in zijn armen en ging op het balkon staan om lange tijd over de straat uit te kijken; daarna sloot hij zich zoals gewoonlijk op in de gymzaal. (p. 165)

Ten slotte is de kwestie van identiteit, en in het bijzonder het behoren tot de Joodse gemeenschap waaruit hij afkomstig is, bijzonder belangrijk voor Maxim. Vanaf zijn jeugd hechtte hij weinig belang aan Joodse rituelen (hij respecteerde de Sjabbat niet, accepteerde een religieus huwelijk alleen om zijn familieleden een plezier te doen). De kwestie wordt echter scherper wanneer het gaat om de telling van joden, het dragen van de gele ster, en tenslotte de verandering van de spelling van zijn naam (Grinberg wordt Grimbert, om Franser te klinken): het personage wordt verweten zijn afkomst te ontkennen, zich ervoor te schamen.

Het probleem is echter complex en het is moeilijk het gedrag van Maxime te veroordelen, ook al is het des te bedenkelijker omdat we in hem een zekere aantrekkingskracht voor het fascisme zien, die zo goed past bij zijn voorliefde voor lichamelijke activiteit, orde en discipline (hij weigert lange tijd te bedenken dat de Duitse bezetting een gevaar zou kunnen vormen).

TANIA EN HANNAH

De twee zusters, die op hun beurt de metgezellen van Maxime zullen worden, vormen een zeer complementair koppel, waarbij de een bezit wat de ander mist, en omgekeerd:

- Hannah is een dromerige, tedere en zachte vrouw. Fysiek weerspiegelen haar ronde trekken haar temperament. Zij staat volledig in dienst van anderen, tot het punt dat zij bereid is zich voor hen op te offeren (dit is wat zij zal doen, om Tania en Maxime in staat te stellen samen te leven). Zij is de moederfiguur bij uitstek;

- Tania is een dynamische en verleidelijke vrouw. Ze is ver- veeld door de routine van haar eerste huwelijk en vindt in Maxime de sterke passie die ze nodig heeft om op te bloeien. Zij is een soort femme fatale, een en al verleiding, maar bijna niet in staat om moeder te worden (het lukt haar lange tijd niet om zwanger te worden, en de bevalling van haar eerste en enige kind is pijnlijk).

LOUISE

Louise, een vrouw van middelbare leeftijd met een onaan- trekkelijk uiterlijk (ze heeft een klompvoet en haar gezicht is getekend door alcohol en tabak), werkt in een dokterspraktijk vlak naast de winkel van de ouders van de verteller. Zij speelt de rol van dokter voor het hele gezin, zowel voor de lichamen (zij geeft de verteller de nodige medische verzorging, zij mas- seert Tania en Maxime na hun sportieve inspanningen) als voor de zielen (zij is de bevoorrechte vertrouwelinge van de verteller, en het is dankzij haar woorden dat hij zal genezen). Ze is een uiterst open en tolerant persoon, die altijd naar mensen luistert.

LEESWIJZERS

ROMAN, GETUIGENIS OF AUTOBIOGRAFISCH VERSLAG?

De status van het boek roept vragen op: hoewel de autobiografische dimensie van de tekst duidelijk is, kan hij niet echt autobiografie of getuigenis worden genoemd. In feite zijn er elementen van zowel het autobiografische als het romaneske genre.

De autobiografische

Het verhaal speelt zich af op een recent moment in de hedendaagse geschiedenis en verwijst naar een hele reeks gebeurtenissen die daadwerkelijk hebben plaatsgevonden. Zo bestaan ook alle plaatsen die in het boek worden genoemd.

Bovendien zijn de personages in het boek echte mensen. Met name de verteller is één met de auteur, en de aanwezigheid van verifieerbare elementen, zoals de anekdote over de verandering van de spelling van de naam Grimbert of het feit dat de auteur psychoanalyticus is geworden, geeft het verhaal een echte authenticiteit.

De epiloog verankert de tekst in de werkelijkheid, omdat hij laat zien dat ook na het einde van het verhaal het leven doorgaat. Dit is een middel dat vaak wordt gebruikt in verhalen over echte gebeurtenissen, zowel in de literatuur als in de film.

De romantiek

De verteller schrijft gedachten, gevoelens en gemoedstoestanden toe aan alle personages, zelfs wanneer hij gebeurtenissen vertelt die plaatsvonden voordat hij werd geboren. Maar het is duidelijk dat hij niet in staat is tot hun innerlijk door te dringen: hij kan zich alleen maar inbeelden, veronderstellen, gissen. Het werk bevat dus een grote hoeveelheid fictie.

Het verhaal is dus geen aaneenschakeling van ruwe elementen, maar wordt gepresenteerd door een verteller die het verhaal beheerst en zeer goed organiseert. Er zijn twee voorbeelden van typische romaneske schrijfwijzen:

• Vanaf het begin verzwijgt hij de afloop maar verhoogt hij het aantal aankondigingen en toespelingen, of het nu gaat om het bestaan van zijn broer, zijn naam of de afloop van zijn verhaal ("To hear them tell it, I've always had this local name", p. 15);

• Sommige mensen, zoals de twee zussen Tania en Hannah, vormen zo'n complementair koppel dat het moeilijk is dit niet te zien als een fictief karaktersysteem.

De tekst moet daarom niet worden beschouwd als een louter getuigenis, maar als een plausibel verhaal dat uit de werkelijkheid is opgebouwd (en waar het niet noodzakelijkerwijs perfect op aansluit). Een adequate kwalificatie zou die van een autobiografische roman kunnen zijn.

EEN THERAPEUTISCH VERHAAL

Zoals de titel aangeeft, is het essentiële onderwerp van de roman de kwestie van het familiegeheim, dat zowel door de verteller als door zijn ouders met pijn wordt beleefd. Om dit te boven te komen, geneest de verteller zichzelf met woorden door het familieverleden te onderzoeken: daarbij volgt hij precies de methode die door de psychoanalyse wordt voorgesteld, wat niet verwonderlijk is aangezien dit het beroep van de auteur is. Voor deze discipline wordt het onthullen van de begraven waarheid, verdrongen in het persoonlijke of collectieve onbewuste, essentieel geacht voor het genezen van iemands problemen: het woord heeft dus een therapeutische deugd.

De psychoanalytische oriëntatie van de auteur blijkt ook uit zijn benadering van het vraagstuk van de seksualiteit van het kind. Zonder er al te veel bij stil te staan, roept hij duidelijk de impulsen op van het kind en vervolgens van de adolescent: deze jongen die geboren wordt uit een overspelige en bijna incestueuze liefde (zijn vader en zijn schoonzus!), de vrucht van de overtreding van een verbod, voedt schuldige, verboden, zelfs afwijkende verlangens. Toen hij zijn eerste documentaire over de Shoah zag: "De eerste naaktheid die ik op het scherm zag, bleke vlekken die afstaken tegen de grijze achtergrond van de barakken. Omdat ik maar al te goed wist wat ik ermee ging doen als ik eenmaal alleen in mijn kamer was, bleef ik hangen bij dit reeds ontheiligde vlees." (p. 65)

GOED OM TE WETEN: HET FAMILIEGEHEIM

Wanneer een trauma (dood, natuurramp, aanslag of oorlog) niet kan worden aanvaard, getemd door een gezin, blijft het bestaan als een latent probleem dat zich op verschillende manieren kan manifesteren, psychologisch of fysiek. Zelfs wanneer de stilte rond het trauma volledig is, weten alle familieleden, ook zij die het niet hebben meegemaakt en er niet rechtstreeks over hebben gehoord, min of meer bewust, min of meer duidelijk waarover het gaat. Geheimen kunnen zo van de ene generatie op de andere worden doorgegeven, op een stille manier, met het leed dat daarmee gepaard gaat.

JOODSE IDENTITEIT IN HET GEDING

De houding van Maxime tijdens de bezetting roept de vraag op naar de identiteit en het behoren tot de Joodse gemeenschap. Vanaf zijn jeugd toonde hij weinig gehechtheid aan zijn geloof. Deze afstandelijkheid werd bevestigd toen hij tijdens de oorlog weigerde zich te melden bij de administratie tijdens de telling van de Joden in 1940, en vervolgens toen hij weigerde te overwegen de gele ster te dragen in 1942. Later zou hij zelfs zijn achternaam veranderen om die meer Frans te doen lijken.

Deze houding wordt verweten door de rest van de Joodse gemeenschap, die het ziet als een afwijzing, zelfs als verraad. Voor hen is het aannemen van de eigen identiteit een principe waar niet aan getornd kan worden. Bijvoorbeeld, weigeren de gele ster te dragen stond gelijk aan weigeren een Jood te zijn: het was dus gewoon ondenkbaar. Dit is misschien een van de redenen waarom Joden zo collaboreerden tijdens de bezetting, vooral tijdens de volkstelling door de nazi's in 1940.

Wat Maxime betreft, kan men zich afvragen of hij zijn afkomst niet te radicaal verwerpt. Maar als we weten hoezeer de coöperatieve houding van de Joden de nazi-zaak eigenlijk diende (de jacht van 1942 werd georkestreerd op basis van de volkstellingen van 1940), kunnen we niet noodzakelijkerwijs zijn ongelijk bewijzen. Velen zouden gered zijn als ze op dezelfde manier hadden gehandeld. Achter deze kwestie gaat dus een echt gewetensprobleem schuil waarvoor het zelfs nu nog zeer moeilijk is een oplossing te vinden.

STOF TOT NADENKEN

ENKELE VRAGEN OM ZIJN REFLECTIE TE VERDIEPEN?

- Hoe kunnen we zeggen dat de invloed van de psychoanalyse voelbaar is in de roman?

- Is *A Secret* volgens u meer fictie of werkelijkheid? Rechtvaardig dit.

- In de roman heeft spraak een therapeutische werking en worden veel problemen opgelost als de stilte wordt opgeheven. Denk je dat dit altijd het geval is? Denk je dat alle waarheden goed zijn om te vertellen? Bespreek.

- Zwakte, onderdrukking, stilte en onuitgesproken woorden zijn enkele van de gevoelens die de jeugd van de verteller kenmerken. Hoe kunnen deze gevoelens in film worden overgebracht?

- Denk je dat Maxime verkeerd was om de gele ster niet te dragen? Leg uit.

- Wat vinden we van Hannah's offer? Is het gerechtvaardigd, begrijpelijk, abnormaal? Waarom is dat zo?

- *Een geheim is* zowel een verslag als een roman. Denkt u dat het herwerken van herinneringen of ervaringen op een literaire manier iets toevoegt aan het verhaal, of is het negatief? Bespreek.

- Moeten Tania en Maxime veroordeeld worden voor hun verbintenis? Leg uit.

OM VERDER TE GAAN

REFERENTIE-EDITIE

GRIMBERT P., *Un secret*, Parijs, Librairie générale française, 2006.

AANPASSING

Un secret, film van Claude Miller, met Patrick Bruel, Cécile de France, Ludivine Sagnier, 2007.

*We horen graag van jou! Laat
een reactie achter op jouw online bibliotheek
en deel je favoriete boeken op social media!*

Waarom kiezen voor Must Read?

Kom alles te weten over een boek met onze beknopte en diepgaande samenvattingen en analyses!

Ontdek het beste uit de literatuur in een compleet nieuw licht!

www.50minutes.com

De uitgever garandeert de betrouwbaarheid van de gepubliceerde informatie, die echter niet onder zijn verantwoordelijkheid valt.

© 50minutes.com, 2023. Alle rechten voorbehouden.

www.50minutes.com

Master ISBN: 9782808687393
Papier ISBN: 9782808698795
Wettelijk depot: D/2023/12603/1159

Omslag: © Primento

Digitaal ontwerp: Primento, de digitale partner van uitgevers.